JN408876

存在의 理由

이 도서의 국립중앙도서관 출판예정도서목록(CIP)은 서지정보유통지원시스템 홈페이지(http://seoji.nl.go.kr)와 국가자료공동목록시스템(http://www.nl.go.kr/kolisnet)에서 이용하실 수 있습니다.
(CIP제어번호 : CIP2016015428)

存在의 理由

서창원 시화집(詩畵集)

문학공원

● 시인의 말

존재의 이유

내가 이 세상에 태어난 것은 생명을 부여받았기 때문이다. 천명은 내 존재의 이유이다. 천명은 내가 만든 것이 아니라 조물적인 창조로 만들어진 것이다. 나는 2억분의 1이라는 정자 중에서 나라는 존재로서 태어났다. 우주적이며 지구적인 나는 한국에서 어느 시골에서 태어났다.

나는 불균등이라는 에너지적 존재로서 이 세상에 태어났다. 우주 탄생 이전의 지구 에너지가 불균등하게 분포하고 있었기 때문에 주변의 에너지를 균등하게 만들기 위해서 우주가 탄생하고 지구가 탄생하였으며 인간이 태어난 것으로 보는 엔트로피(Entropy)적 확장으로 무질서가 질서를 만들려고 작용한 힘이 곧 탄생이라고 보는 견해이다.

육신은 육체와 영혼으로 이루어지며 이 엔트로피는 각각의 다른 창의적인 활동을 통해서 변화한다. 육신은 다른 사람들과 별로 다를 것이 없지만 영혼은 제각각 다른 생각과 다른 가치에 대해서 생각하며 유추하고 행동을 만들어낸다. 이 영혼의 자취가 곧 문명을 만들어내는 가치일 수 있다. 그래서 사람은 다른 동물과 달리 문명을 창조하고 문화를 형성하는 영혼을 소유하는 것이다.

내가 만나는 낯선 것들은 이 세상의 나무와 산새와 그리고 강과 바다 하늘과 언덕 그러한 자연현상들이다. 이들의 존재의 이유는 이 세상을 이루는 한 부분이라는 것이다. 나무를 보았을 때 산에는 나무들끼리 서로 의지하여 잘 자라고 있음을 본다. 이는 어떤 필연적인 생존질서를 가지고 있다. 생물적 존재이유 뿐 아니라 무생물에 있어서도 존재적 가치가 있음을 본다. 강가에 쌓여 있는 모래 턱의 모래밭은 강물이 모래를 흘러가게 만들면 먼 곳으로부터 새로운 모래를 운반하여 모래 턱을 만든다. 존재란 이와 같이 현존의 것과 새것의 교대를 통해서 연장되는 엔트로피적 과정이라 할 수 있다.

사진은 존재하는 것의 현상이며 시는 영혼의 치열한 현상을 담아내는 에너지이다. 시와 사진은 마음의 앵글로 잡아내는 현상포착이다. 사진은 형상이 존재하고 시는 리듬과 음률의 내면적 아름다움이 존재한다. 모든 현상은 존재를 유지하기 위해서 에너지를 소모해야 한다. 그래서 나는 이 세상에 너무나 귀한 존재로서 태어났음을 과학적으로 증명할 수 있는 것이다. 인간은 만물 중에서 가장 위대하다는 존재라는 것을 확인할 수 있다.

Contents

1부 당신생각

2부 가을 엽서

Contents

3부 자유는 내게 꽃이다

4부 봄 편지

Contents

5부 노을빛

1부
당신생각

당신이 가르쳐준 하늘

당신은 내가 잊으려 할 때
늘 떠있는 하늘이었습니다
하늘이 내게로 다가오는 거리는
별자리 같은 거리였습니다
내가 당신을 정말
못 잊어 할 때
내 마음에 하늘을 드리워주었습니다
제 마음 지척에
하늘을 놓아주었습니다
당신이 가르쳐준 하늘은
바라보는 먼 곳이었습니다
내게 사랑의 눈을 뜨게 한
빛이었습니다
당신의 눈동자가
당신의 마음이
그렇듯이
하늘을 품고 있었습니다
그 하늘은 크지 않고 작으며
한 뼘이나 될까

반 뼘이나 될까
제 마음에
꼭 품을 수 있는 것이었습니다

PHOTO <분수 노을>
네이버포토갤러리 일간베스트 선정(2008. 9. 25)

허공

나무도 허공을
새들도 허공을
내 생각도 허공을 향해 있다

허공이 제공한 것은
아무 것도 아닌
빈 것뿐이다

산도 허공을 향해 있다
강도 허공을 향해 흘러간다
끝없이 색을 변화시킨다

나무도 허공에 뿌리를 내리고
새들도 허공을 놀이터로 날고
나는 생각을 허공에서 기른다

PHOTO <나무와 새>
네이버포토갤러리 오늘의 포토 선정(2012. 5. 13)

그리움도 자랍니다

당신을 생각하는 것만치
그리움도 자랍니다

처음에는 꽃으로
봄에만 피는 줄 알았는데

가을과 겨울에 더 울울하게
내 마음에서 자랍니다

그리움도
내게 뿌리를 내리고

잊으려는 것만치
초망초망(草莽草莽) 자랍니다

PHOTO <構造 구조>
네이버포토갤러리 오늘의 포토 선정(2015. 1. 23)

0.5gm의 그리움

벗을 수 없어
걸치고 사는 그리움도

뒤를 돌아보면
늘 내게는 아득하던 것

내 어깨를 누르는
무게가 그리움인 줄 알겠다

풀잎에 매달린
하얀 속살을 벗는 이슬처럼

당신은
늘 내 표적이어서 좋다

PHOTO <주행>
네이버 포토갤러리 인상 깊은 포토 선정(2014. 5. 1)

내 뒷모습

당신이 뒤에서 나를 본다면
어떤 모습일지
당신의 판단을 나는 모르지만
내 앞모습은 더 초췌한 모습입니다
뒷모습만 보아요
더는 앞을 공개할 수 없습니다
내 앞모습은 긴 시간에 끌려가는 처참함이며
적적한 이 세상을 보다 지친 모습일 테니
늘 외로움을 놓을 수 없는 눈과 귀와
눈썹의 긴장을 본다면
저는 너무 절박한 사람입니다
내 뒤만 보십시오

실망이 없을 것이며
기다림이 없을 테니
내 뒤만 보세요

PHOTO <억새 오름길>
네이버포토갤러리
인상 깊은 포토 선정(2015. 3. 21)

내 자유의 직립(直立)

언덕에서 풀을 뜯는 소는
질곡의 고삐에 자유가 물려 있다

초원의 양떼는 양몰이 개들에 숙달된
복종의 평화일 뿐

나도 길들여진 짐승처럼 일에 복종한다
나는 내 뼈에 물려 있는 슬픔에 복종한다

언제나 주저앉을 때는
직립을 위해서 다리에 복종한다

일상의 내 뼈와 허리는
내 자유를 직립한다

사랑의 실습기간

사랑을 정말 알지 못했을 때는
당신을 만나는 것만으로도 충분하였습니다
사랑을 조금 알고는 당신을 만나서 손을 잡고
무어라고 속삭이는 것이 다인 줄 알았습니다
사랑을 어느 정도 육감으로 알고는
얼굴에 떠오른 사랑의 신호 같은
빨간 당신의 변한 얼굴 모습이 사랑의 전부인줄 알았습니다
사랑이 어느 정도 만남을 통하여
전기가 통하듯 짜릿한 맛을 알게 된 후부터는
당신을 만나서 키스하는 것이 사랑의 전부인 줄 알았습니다
사랑을 어느 정도 알게 되었다고 자신하였을 때에는
당신의 육체적 아름다움이 전부인 줄 알았습니다
사랑을 이제 다 알 것 같다고 하였을 때에는
나는 당신 앞에서 슬픔의 눈물 흘리며
그것이 사랑의 전부인 줄 비로소 알게 되었습니다

서울은 일회용 종이컵

곤돌라에 실린 서울의 우울증
높은 공간으로 컨트리 크레인은
일회용 종이컵 같은 아파트를 짓기 위해
회색의 콘크리트를 쏟아낸다

자연부락 몇 개를 잡아먹은 그린벨트 안에
개팔자가 된 러브호텔
꽁보리밥집
생음악을 연주하는 카페도
팔당호 주변에서 수은을 토한다

전국인구의 45%가 수도권에 몰려있다
누구하나 다른 곳으로 이사하지 않으려고
아파트 투기와 땅 투기를 밖에서 저지르고 돌아와서
서울을 난장판으로 짠다

시속 7km의 저속 도시를 끌고 가는
성산대교 외곽도로를 달리는 정지한 차량

교통지옥을 빠져 나와
나는 정수기에 종이컵을 대고 갈증을 뽑아낸다
종이컵 속에 파랗게 질려있는 서울이 동동 뜬다

<도시의 선>
네이버포토갤러리 베스트 포토 선정(2010. 7. 27)

당신생각

심연에서 물오리들이
단단한 부리로 유혹을 낚아챕니다

아름다운 성곽 안에 피어 있는 꽃을
광활한 곳에 심어 둡니다

꽃은 피고 지고
그 쓸쓸한 곳을 아름답게 합니다

꽃은 아름다움과
향기를 멀리까지 퍼지게 합니다

온 세상이 향기로 가득 차서
날아가는 짐승들이 모여듭니다

당신은 쓸쓸한 곳을
없애주는 꽃입니다

어둠도 구멍이 나 있다

사람들은 밝은 곳을 찾아간다
앞은 해가 너무 눈부셔
잘 보이지 않는다

해는 원래 어두운 것이다
빛도 안은 어두운 것이다

어둠속에서 작은 구멍으로도
밖을 훤히 내다볼 수 있다
어둠은 시련 같은 것이어서
다른 밝은 곳을 향해 열린다

밝은 것은 모두가 구멍이 뚫려있다
어둠도 모두 구멍이 뚫려있다

<관통>
네이버포토갤러리 인상 깊은 포토 선정(2012. 11. 17)

감나무

나무 잎을 다 털어내고
낙선재 앞뜰에
감이 주렁주렁 매달려 있다

단청을 하고 싶은
가을은 붉은 빛을 토한다

빈집 낙선재를 향해 늘 감이 열리지만
딸 사람이 없다

왕후들의 소복차림
그 걸음소리 들리는 듯
감나무가 듣고 있다

야화(野火)

겨우내 동면하던 밭
벌레들의 온상을 태우며
들 다비장에서
유고당한 벌레들이
살아남기 위해 탈출한다

불에서 생명이 오고
불에서 생명이 지고
억겁의 불로
만물이 존재하나니

바람도 불이 되고
강물도 불이 되고
불의 껍데기
돌은 그래도 나딩군다

<들불>
네이버포토갤러리 일간베스트 선정(2008. 4. 3)

단풍도 쉬고 싶다

사람들도 다 떠나고
가을도 떠나고
외롭고 쓸쓸한 날
단풍도 쉬고 싶다

<단풍도 쉬고 싶다>
네이버 표제 등재(2007. 11. 18)

꽃의 테러

봄에 찾아온 백색의 목련도 며칠을 기다리다 가고 모란의 탐스러운 꽃도 크게 벙글리다 1주일을 참지 못해 떠나고 작약꽃의 아름다운 칠색도 부동의 수평을 이루지 못하고 흔들리다 떠나고 아무도 꽃을 기리는 이 없어도 꽃들은 저마다 아름답게 세상을 만든다

아름다운 꽃술을 내주고 벌들의 간식을 벌판에 차려주고 봄과 가을의 중간에서 아! 테러한다 붉은 꽃 댕기를 감고 테러한다 곱다 아름답다 설레게 한다 꽃들의 테러는 아름답다

꽃은 아름다움을 무상급식한다 세상이 균형을 잃어도 꽃은 군자처럼 나타난다 자유 같은 깃발이다 소유하지 않아도 꽃은 우리에게 아름다움을 준다

나에게 날개를 달아주어도

나에게 날개를 달아주어도
나는 날지 못 하리
내가 살만한 곳을
아직 찾지 못했으니
어디로 날아갈 것인가
이 세상에 아직까지는
이곳보다 더 좋은 곳은 없으니
날개가 있다하여도
날아갈 곳을 알 수 없으니
날개가 무슨 소용 있겠는가
새들이 그냥 부러울 따름이다

세미원 백연

7월의 폭염으로
백연이 세미원 호수에 뜬다
빅토리아도 뜬다

청염한 자세로 우뚝 솟아오른다
꽃 중에 연꽃은 사람들의 얼굴을 닮아서
서로 당당하게 볼 수 있다

물을 청정화 하고 꽃을 피우니
아름다움보다 당당하구나
연꽃은 피어나기만 하면 그만이다

이웃해서 연꽃도 산다
더 아름다운 것은 서로 시샘하지 않는 거다

2부
말 안 해도

꽃술

꽃술은 맛을 보면 볼수록
달콤한 것이다
향도
꽃도
모두 나비 밥이다

○ 들판의 나비는 꽃을 찾아서 날아든다. 나비는 꽃 내실에 가득한 꿀을 발라내기 위해서이다. 그런데 사람들은 꿀 대신 향을 맞는다.

혼돈

수평은 원래 직선이 아니다
수평은 불투명한 원이다
수평은 색이다
수평은 원래 꼬인 것이다
수평을 흔들면 꼬인다
수평은 무질서이다
멀리 볼수록 평면이다
빛은 평면에서 꽃처럼 피어난다

○ 수평선의 불빛을 사진으로 찍는다. 내 자세가 흔들리면 수평선은 붕괴한다. 이 세상을 정관하지 않고 흔들면 이처럼 혼란스럽게 보인다.

나는 누구인가

나는 나를 알 수 있을 것 같으면서 알 수 없다
아침에 일어나서 이를 닦고 얼굴을 미안수로 바르고
좀 더 근사하게 되기 위해서 거울을 들여다보고
신사복을 챙겨 입고 넥타이를 매고
일상은 이렇게 나를 치장하는 것으로부터 시작된다
나는 지불이 시작된다 전철요금 버스요금 택시요금
점심 값 축의금 돌 부의금 등 많은 비중은
내 체면 유지비용이다
나는 체면이다
체면을 몸에 기른다
구두도 옷도 모두 나를 체면으로 만든다

속세를 위하여

부처님의 손과 입 사이 거미줄이
한세상 찰나이다

나는 속세에 입속한다
시간은 내게 필요한 신발이다

누가 나를 부르는 것이 아니다
나는 피안의 순간을 관통할 뿐

스스로 만든 고통과 슬픔을
타지 않는 불로 태운다

별나라

우주에는 별이 찬란하고
지구는 별로 찬란하며
별의 무수한 반짝임으로
나는 지구별에 와서
수억 개의 다른 별을 본다
별은 반짝임과 살아짐
생성하며 살아지는 별들은
서로 뭉치려한다
별들은 뭉치는 것이 반짝임이다
별은 순간을 만들고
별은 창공을 만든다
별이 많아도 나는 하나도
소유할 수 없다
속삭일 뿐이다

서울 스펙트럼

군중은 무지개색깔의 깃발을 흔든다 메트로폴리탄이 트림한다 자유를 키우려고 광장에는 꽃밭을 만든다 엔진 소리가 모타리제이션한다 도시는 고함 속으로 들어간다 경복궁 수문장 교대식이 나팔과 북을 치며 당당하게 조선시대의 행렬을 재연한다 난타의 북소리 진군 나팔소리에 도시는 잠시 가학에서 풀려난다 매연으로 오존경보 발령이 내린 광교동에는 타워크레인이 빌딩을 끌어올리려 애를 쓴다 도시는 빌딩과 엘리베이터로 수직으로 확장한다 군중은 혁명의 원적지 광화문광장을 도굴한다 뚫을수록 어둡다 광장은 적외선으로 열섬이 되었다 광장에는 평화의 접엽휴케나, 에카나, 애기노란금계국, 숙근코스모스들이 혁명을 스펙트럼한다 동강이 난 자유를 꿰맞추던 노도의 언덕에서 평지로 내려온 군중들은 아비규환의 숨을 고르며 미국대사관, KT건물, 교보빌딩, 정부청사, 제2청사, 세종문화회관의 통로를 따라간다

아직 도시는 벽이다
아직 광장은 벽이다
아직 평화도 벽이다
아직 자유도 벽이다

말 안 해도

폭포 물소리에
연인의 속삭임이 들리지 않는군
사랑은 마음의 판토마임이지
말 안 해도
말소리가 들리는 것이 사랑이야
둘만의 이심으로 잡는 거야
둘만의 전심으로 통하는 거야
사랑은 잡는 거야
사랑은 통한 거야
말이 아닌 마음으로
속삭이는 거야

어유도(魚遊圖)

살아가는 것은 노는 것이다 유유히 어류들처럼 꼬리를 치며 먹이를 찾으며 수면 위에서 미끄러지며 물속으로 잠입하며 노는 것이다 살아가는 것은 즐겁게 노는 것이다 유유히 생각을 따라 머물며 노는 것이다 물고기처럼 물에 들어가면 나오지 못하는 것처럼 즐겁게 탐색하는 것이다 사는 것은 즐거운 탐색이다 혼란해도 아름다운 것이다 흔들려도 본연으로 환원한다 출렁거려도 수면으로 돌아온다

원점(原點)

원점은 새로 시작하는 곳이기도 하지만
원점은 다시 돌아가는 곳이기도 하다

내가 빅뱅을 시작한 곳이 당신이요
내가 용암으로 흘러내린 곳이 당신이요
내가 처음으로 살을 만들어낸 곳이 당신이요

당신은 내 주물의 용광로
잠시라도 당신을 보지 못하면
그토록 이 세상이 작아지는 것은
당신이 이 세상보다 크기 때문이다

원점의 소각로 해를 본다
장엄함의 얼굴을 본다

장미꽃

장미향 그윽한 밭에서
꽃들은 아름다움을 뽐낸다

꽃과의 등차거리에서
장미꽃은 향기를 배열한다
장미꽃은 곧 내 생각을 지배한다

나는 언제나
한 송이 꽃에 귀속된다
아름다움은 내 마음의 볼록렌즈다

수숫대 패션

가을은 추수의 계절
비닐 옷을 입고 수숫대가 서있다
새들을 쫒기 위해
허망의 들에서
새 옷을 입고
허울을 씌우고 조대가 서 있다

들판을 걸어간다
낭만을 만들며 간다
비닐 모자를 쓰고
해를 주유한다

놀이 패

흔한 사람 사는 이야기라도
귀를 쫑긋 세우고 듣는 거야
어쩌면 다들 살아가는 모습이 같담

낯설지만 지나가는 사람들의 뒷모습을 보면
그렇게 우울하고 못 견디는 속사정 있듯이
돌아가는 길이 일정한 거야

낯설지만 하늘을 쳐다보는 꿈만은
하늘이 있어 외롭지 않은 막막함도
누구에게나 내일의 꿈을 꾸는 희망이 있지

사람들은 멀리서 보면 그 얼굴이 그 얼굴이야
다 같다는 말이지 다 닮았다는 말이지

허공을 헐어내도

허공을 헐어내도 허공인 하늘
그리움을 헐어내도 그리움의 공지
어느 때 이토록 하늘이 비어 있다고 했을까

하늘이 비어 있다는 것을 미리 알았다면
그리움 같은 것을
그 하늘에 묻어두지 않았을 것을

이제라도 캐어내서
나는 그리움을 내가 사는 터 밭이나
등성이에 심어두고
꽃이 필 때 같이 피어나도 좋은
그런 자리에 묻어두고 싶다

가을 엽서

나도 당신에 대해서 멋진 낭만을 그려보려 합니다
얼굴부터 그리자니 자꾸만 눈빛이 마주쳐서 눈부십니다
머리부터 그리자니 넘실거려 희미해집니다
당신 손부터 그리자니 내손을 덥석 잡아 줄까 설렙니다
귀부터 그리자니 내가 몰래 속삭이던 말을
들을까봐 겁이 납니다
입부터 그리자니 빨간 루즈빛을
잘못 그려 망가트릴까봐 망설여집니다
가슴부터 그리자니 당신의 심장소리가
아름다운 망토의 그물을 뛰어나올 것 같습니다
그것은 모두가 복원이 불가능한 추상인 것 같습니다

거미줄

팽팽한 거미줄을 당긴다
거미는 거미줄 마디에 증오을 엮는다
거미는 긴장을 밟고 걸어간다
탄력으로 포획의 덫을 놓고
더 큰 증오의 중심으로 들어간다
불나방이 춤을 춘다 망을 향해 춤을 춘다
날개를 팔딱 걸리며 춤을 춘다
증오의 고리에 얽힌다
그물을 만들어낸 거미여
포충망(捕蟲網)을 설치한 아라크네(Arachne)여
긴장을 분해해도 날아갈 수 없다
증오를 갈아 끼워도 날아갈 수 없다

* 아라크네(Arachne) : 거미의 신화적인 시조. 직녀신 아테나에 의해 독초즙을 받아먹고 거미가 된 여신

나무 잎에 시간은 흐르고

나무 잎에 시간이 흐르고
강물에 젖어 세월이 흐르고
멀리 있는 것은 가까워 지려하고
가까이 있는 것은 멀리 가려하고

덧없음에도 시간은 흘러가고
소중한 시간은 반짝이며 살아지고
아무 것도 잡을 수 없는 시간은
윤슬의 눈빛으로 흐트러지고

시간의 손길로 꽃이 피고
봄 여름 지나 가을 겨울 계절을 만들고
변하는 것은 모두 아픔이니
꽃도 아픔으로 피어나네

나비

꽃불을 옮겨다가
불붙이는 나비들이 날개에 불 질렀다
개울 따라간 바람은 절 안에 수국을 퍼트리고
대웅전 앞 뜰 작은 꽃밭에 붓꽃 피었다
처연히 얼굴 달아오르는 목 백일홍꽃
다비장 만들어 태우는 5월의 영혼이여
어느 날 뛰어가던 광장 안의 최루탄 냄새
꽃이여 바라춤 추며 던지던 꽃불놀이
노제지내며 던지던 꽃불놀이
자유를 기습하여 얻으려고 달려들던
노호의 꽃뜰
야망의 들이여 기습의 들이여
꽃불에 점령당한 들이여
평화의 꽃불 놓았구나

나의 21살 때

나는 그때 늙지도 않았고 얼굴에 주름도 없었으며 머리카락도 많았다 나는 안경도 안 썼으며 보청기도 끼지 않았으며 머리 염색도 하지 않았다 원형의 나는 완벽하고 흠잡을 데가 없는 우랄알타이계의 토종이었다

나는 첫사랑으로 내 몸에는 두근거리는 가슴이 있었고 마음은 무구의 백색 종이처럼 투명하였다 내가 생각하는 것은 모두 비밀스러웠고 신기하였다 꿈이 많았으며 마음으로 모든 일을 처리하고 자긍심과 행복에 젖어 있었다

내 나이 21살 때는 이렇듯이 내안으로 이 세상의 강이 흘러들었으며 늘 봄인 듯이 꽃이 만발하는 무능도원의 세상이었다 자유가 가슴에서 폭포처럼 흘러넘치고 희망이 부풀어 이 세상을 다준다하여도 바꾸지 않을 만치 패기만만한 청년으로 이 세상을 등에 지고 우뚝 솟은 기둥처럼 나에게는 두려움이 없는 자존의 한 사람이었다

백두산 바람

바람도 몸이 있다
백두산에도 바람이 산다
하얀 소복의 옷을 입고 바람이 산다
바람이 사는 집은 벌판이다
쓸쓸한 것은 기둥이다
외로운 것은 물결이다
고독한 것은 햇볕이다
녹지 않는 것은 눈이다
백두산은 텅 비어있다
비어 있어도 채우지 않는다
허공에 채워지는 것은 바람뿐이다
몸부림으로 겨우 결을 세웠다
눈을 뜨고 나를 본다
첫눈의 눈 맞춤
백두산을 본다

노도의 바다

바다의 격정으로 파도가 몰려온다
성난 노도의 혀가 등대를 삼킨다
등대는 삼켜도 그대로 서 있다
노도 그 정체는 허울뿐이다
노도가 지나면 제자리로 돌아온다
노도와 평온이 공존하는 바다같이
내 마음도 격정과 평화가 존재한다
나는 격정을 이기지 못하고 출렁이는 바다처럼
허황의 분노로 끓는다
당당한 평온은 격랑의 파도를 잠재운다
평화는 격랑을 잠재운다

바람 보기

가을도 바람이었으니 나무 잎을 물들이고
나무도 바람을 맞아 나무 잎을 물들이고

바람의 몸짓을 알 수 있고
속속들이 출렁이는 것을 볼 수 있고
전부 아닌 작은 흔들림의 모습이
사람 사는 모습인지 몰라

바람에 나부끼며
낙엽에 얽히며
가을에 물들 듯이

어느 순간 펄럭이는 것이
색천이 만들어주는 바람인지 몰라

반쯤만 그리워 할 수 없나요

당신을 반쯤만
그리워할 수 없나요
온 채로 그리워하다
절망하면 걷잡을 수 없으니
반만이라도 놓아준다면
슬퍼진다 해도
절망하고 돌아설 때
반쯤만 슬퍼할 수 있으니
그것이 슬픔이라 어쩔 수 없다면
그래도 딛고 올라
당신을 볼 수 있으니
그리워하는 것도
반쯤만 그리워할 수 없나요

벌판

벌판에 해가 진다
지는 곳의 끝은 언제나 붉다

억새도 스스로 울지 못하고
벌판 바람에 기대 운다

기댄다는 것은 외로워서다
벌판이 노을에 기댈 때
가장 붉고 아름답다

북한동 가을

해바라기꽃은 억새밭 사이에서 피어나고
직박구리 날아가는 골짜기 따라
구름 줄로 칭칭이 매어놓은 산사

목탁소리 밟고 산에 오르면
누가 나올 것 같은 골짜기에는
냇물 소리로 꽃이 피는 걸

꽃이 피는 것도
북한동 물울음 배어 피어나고
북한동 산울음 배어 피나 보다

해당화

금사(金砂) 모래언덕
해당화 피고 지고

해당화꽃 빛에
어릿대다 분내 바른 노을

자홍빛 해당화
알록달록 꽃술 박은 내 고향

3부
자유는 내게 꽃이다

5월이 오는 길

산길에는 구름으로 꽃이 피어납니다
어느 새 꽃밭이 구름밭이 되고
구름밭이 꽃밭이 되는
산길에도 다복이 향을 풀어
흐르는 냇물을 타고
산 틈을 비집고 5월이 옵니다

머루 다래 넝쿨 휘감고
칡꽃나무 파릇하게 독 올라 퍼지면
쐐기 억새 칼날 같이 날을 세우고
뚝뚝 장미향 찔레 향을 베어 먹고
5월이 옵니다

그리움 몽타쥬

나는 그리움을 몽타쥬한다
꽃은 꽃끼리 몽타쥬한다

꽃들은 모두 비슷하다
꽃은 몽타쥬가 안 된다
모두 비슷해서 그게 그거다

당신의 그리움을 나는 몽타쥬한다
비슷하지만 분별이 안 되는 것은
그렇기도 하고 아니기도 하다

그리움은 반은 안 보이고 반은 숨어 있어
그렇기도 하고 안 그렇기도 하다

그리움 판타지

나를 가둔 그리움은 안개다
밀어내도 더 감싼다
스스로 풀어질 때까지
나는 갇혀 있다
풀어줘도 햇살에 눈부시다

1,000원의 미학

천원은 내게 큰돈이다 3천원이면 경로우대
이발관에서 머리를 깎을 수 있다
파고다 근처에서는 3천원으로
구수한 국수 한 그릇을 먹을 수 있다
지하철, 박물관, 창덕궁 등 고궁도 경로우대이다

KTX도 주 중에는 30%를 할인해준다
부산까지 15,000원을 할인해준다 국수 5그릇 값이다

나는 공신인간,
무임인간,
경로인간이 되었다
스타크래프트에서처럼 새로운 인간으로 태어났다

나 애인이 생겼어요

정말이야 나 애인이 생겼어 그녀는 눈매가 멋져 그리고 말도 차분하게 잘해 아무거리낌 없이 다가서서 언제 그랬냐는 듯이 말야 하나 부끄럼도 없이 친숙한 말로 그냥 또렷하게 말해 그런 말을 나는 잊었는데 그녀는 내게 그런 사랑스런 말을 골라서 들려주는 거야 동화이야기처럼

이웃집 소녀 앳된 얼굴로 돌아와서 말야 나는 꿈인가 했어 그런데 꿈은 아냐 나는 꿈에서 그녀를 만난 것처럼 또렷하게 내게 말했어 너무 평화스러워 나는 진정 말을 하지 못했어 내가 말하기 전에 그녀는 모두 말했어 그녀는 주저하지 않고 이야기를 하는 거야

승화루에 오는 봄

적막을 깨고 매화꽃 봄 트는 소리
승화루에 꽃이 피는데 맞아줄 사람이 없다
옛 낯을 간직한 창경궁의 뜨락 내가 다가서니 낯설다 한다
나 보고 꽃도 낯설다 한다
나도 궁꽃이 아름답지만 낯설다
가슴 설레지만 정말 낯설다 처음 보는 것처럼
많이 보았지만 어른거리는 것처럼
회색 꽃나무가 화려하게 치장을 해서 낯설기만 하다
나만 그런 게 아니다
지나가는 사람들도 사진에 한 장 담아서
몰래 본 것처럼 지나간다
매화꽃도 나를 몰래 본 것처럼 처연하다
나도 봄을 몰래 본 것처럼 두근거린다
봄은 꽃을 피기위해 몰래 온 것 같다
몰래 몰래 봄이 오고 꽃이 핀다
몰래 몰래 꽃을 보고 몰래 몰래 지나간다
화류 충몽이어서 그렇다

나비 꽃밥

나비의 집은 어디쯤일까
산일까 바다일가
나무일까
꽃인가 보다
늘 눈에 띄는 곳은 꽃술이니
꽃술이 집인가 보다
집치고는 너무 작아서
입술만 들어간다
입만 편하면 만사 편한 것은
나비도 마찬가지다
사람들은 입을 놀려
잘못하면 독이 되는 수가 있다

도시의 규격화

CCTV는 도시를 감시한다
내부를 감시한다
동선 속도 출입 불안을 감시한다
설치물을 감시한다
도시는 폐쇄회로에 잡힌다

도시는 보도부록처럼 규격화된다
사람들도 규격화된다
기성복 슈퍼마켓 증권 쇼핑 소비에
규격화된다

도시는 포스트 문명을 구워낸다
피자처럼 구워낸다

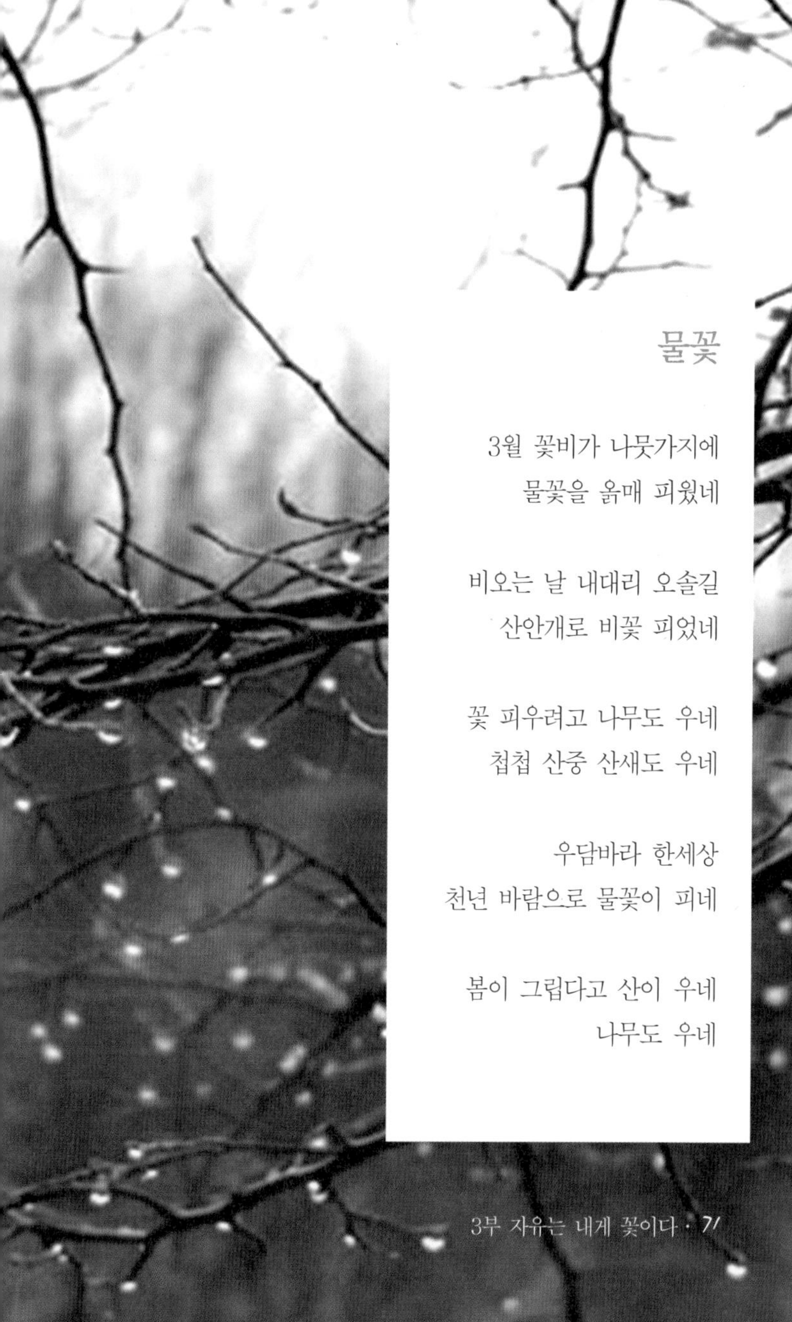

물꽃

3월 꽃비가 나뭇가지에
물꽃을 옮매 피웠네

비오는 날 내대리 오솔길
산안개로 비꽃 피었네

꽃 피우려고 나무도 우네
첩첩 산중 산새도 우네

우담바라 한세상
천년 바람으로 물꽃이 피네

봄이 그립다고 산이 우네
나무도 우네

이별이 있다는 것은

언제부터 내게는 이별이 있었다 전혀 이별 같은 것은 내게 소용이 없는 것이라 하고 살았는데 어느 날 나는 이별 하나를 내 몸에서 꺼내 버려야했다 그것은 당신과의 긴 이별이었다 나는 이별이 내 주위를 맴돌고 있다는 것을 알았다 나는 어느 날 겨울을 깨고 버들개지를 앞세워 흘러가는 찬 냇물을 바라보았다 그것은 나에게 또 다른 이별이었다 이별은 그렇게 나에게서 시작되었다

이별은 나에게 이르렀다 이별은 아무렇지 않게 나에게서 멀어졌다 어느 날 나는 이별 하나가 눈 가린 채 내 앞에 있다는 것을 알았다 그리움은 그런 이별이었다 그리움은 어느 날 슬픔보다 더 아름다운 꽃을 피워 주고 갔다 나는 그때부터 이별을 풀어내는 실타래라는 것을 알았다 내 몸뚱어리는 머리끝에서부터 발끝까지 모두 이별로 풀려 가는 실이라는 것을 알았다 이별은 내 포켓 속에 있지 않고 발걸음에 채이거나 내 귀 바퀴에 감겨 있다가 작은 소리 내며 떠나는 봄바람 같은 것이었다

백두산 물꽃

천지의 물 흘러내리는 달문강
물소리로 만들어낸 연꽃
하얀 소복의 얼음으로 뜨고
흘러가기 싫어 강물을 잡고
물이 꽃으로 피어나고
꽃이 물이 되는 성상의 부평 연
하늘 높은 곳에서
땅 낮은 곳으로 물살을 타고 와서
태양의 눈부심에 눈뜨고
산의 적막함에 눈뜨고
앞을 밝히니 천지 모두 꽃이구나
백의민족 정기 넣어준 꽃 발원의
웅장함이여 분화구의 긴긴 동면이여
백두대간의 눈빛으로 밝구나

서울은 벅(bug)이 났다

불꽃을 튀기며 달아오르는 남대문 시장, 싸구려 물건이 쏟아진다 서울은 벅이 났다

노동자들의 붉은 깃대에 쟁취깃대 붉은 머리띠를 두르고 종로, 을지로, 명동성당을 향해 물결친다 바리케이드 넘어 대치한 긴장 서울은 데모대를 쓸어낸다 몽둥이와 깃발 사이에 낀 핏발선 목청 그것은 서울 벅이다

테헤란로에 정지한 빌딩, 전자도시, 핸드폰, 전파에 걸린 언어는 공중에서 분해되고, 정보별들이 쏟아내는 전파, PC방에서 인터넷을 뒤지며 정보를 검색한다

시장경제혁명을 부르짖는 자, 정보혁명을 부르짖는 자, 노동 혁명을 부르짖는 자, IT산업혁명의 새로운 물결을 타고, 기계적인 혁명과 문명의 대치, 노동시간 단축을 외친다 서울은 날마다 벅이 났다

○ 주: bug- 전산의 잘못, 결점, 딱정벌레, 빈대, 열광자, 미생물, 병원균, 미치광이 등의 뜻

오징어

종달리 해안가에
오징어가 코를 꾀어 목을 맸다
목을 맨 사정은 잘 모르지만
인당수 값으로 받은 고기 값이란다
누가 물에 빠져 죽었는지는 알 수 없으나
제주 해녀가 틀림없다
해녀로 80평생을 다하고
용왕님으로부터 받은 품삯이란다

유월 숲속의 평온

꽃이 피던 5월을 밀어내고 녹색을 입은 나무들이 산을 모두 차지했다 산은 나무들로 하여 든든하게 버티게 되었다 산을 흘러가던 냇물도 나무 틈에 멈추고 산은 깊은 호흡을 하며 평온을 편다 산새들은 6월의 숲속에서 즐거운 비상을 하며 곤충과 나무에 더불어 사는 벌레를 포식한다 날개를 달고 거리낌 없이 배를 채우며 보금자리를 트는 산속 새무리들은 날카로운 소리를 내며 부르짖는다 새들의 소리는 정적을 뚫고 깊은 골짜기까지 퍼진다 새들의 소리에 나뭇잎이 떤다 새들의 노랫소리에 산이 기쁘다 물소리도 촉촉이 아름답게 흐른다 연락의 소리뿐인 산은 항상 침묵한다

자유는 내게 꽃이다

상상의 자유는
나를 위해 있지 않고
늘 고통스러운 다른 자를 위해 있다
다른 사람들은 내 자유의 통제자
작은 것이지만 내 자유는
내 영혼을 맑게 한다
작은 꽃들이 꽃을 피울 때
주변을 평화롭게 하듯
내 자유는 내게 꽃이다

자주 달개비꽃

대웅전 오르는 계단
아래에 자주달개비꽃 피어
스님 발소리에 조금 피어나고
염불소리에 조금 피어나고
산새소리에 조금 피어나고
바람소리에 조금 피어나고
그렇게 조금 피어난 것이
진보라 자주 달개비꽃
달게 달게
피어난 것이 자주 달개비꽃

천도제

솔잎은 산바람에 울고
하늘은 때릅나무에서
절터를 싸릿대로 감아쥐고
오늘도 이승을 메고 살던 무게
불꽃으로 태우니
종요로이 풍경소리 운다
퇴마사 염불로 천도한 불꽃
산새 울대 꽃이 피니
당신 산꽃으로 환생하리
꽃이 필 때
꽃이 질 때
꽃불로 날개 달고 오리

천지(天池)

천지는 겨울을 공유하고
하늘과 땅을 공유하고 있었다

천지는 자유의 넓이를 알려주고
만년을 알려주고
혹독을 알려주고
빛을 알려주고
포용을 알려주었다

심연의 숨소리는 안온의 맥박으로 뛰고 있었다
통일의 변방은 결빙되어 있었다

영하 25도의 혹한으로 국경선이 결빙되었다
눈꽃처럼 은꽃처럼 천지는 빛나고 있었다

하늘공원 억새

바람이 들판에서 손을 내밀었다
아무도 잡아주지 않는다

억새가 잡아주었다
허공을 잘 잡아주었다

참새들은 허공을 잘 날아간다
나만 허공에 갇혀 버둥댄다

파도

밀려오고 부서지고 넘으려하고
파도는 육지의 한계에서 소멸한다
경계를 넘지 못하는 파도는
장엄하지만 나약하다

한때 격정이 있었음으로 출렁거린다
출렁이며 바다도 살아 있음을 보인다
평온한 바다에도 분노가 있다

바다도 억울할 때가 있다
바람에 못이기는 때가 그때다

향원정의 가을

붉어서 가을도
아픈가 보다

사랑의 아이콘
호수에 갇힌 향원정

파스텔로 얼룩을 지우며
가을을 분해하는 중이다

고향생각

아이티문명이
고향 돌담과 박꽃담 싸리문에
콘크리트를 발랐다

샘물에서 물 뜨던 누이 생각
뒤란에 있어 더 그립다

낙엽이 떨어져도
누가 거두는 사람이 없다

처연히 흩어진 낙엽도
그냥 놓아둔 것이 아름답다

까치밥

고수레로 달아놓은 연시하나
직박구리 날아와서 쫀다
붉은 입술을 물들이며 쫀다
가을 밥을 쫀다
쪼는 것은 새뿐이 아니다
사람들도 쫀다
밥상머리에서 입으로 쫀다
젓가락으로 반찬을 쫀다
숟가락으로 밥을 쫀다
쪼는 것은 누구에게나 포만이다

대춘부(待春賦)

겨울이 지나고 새싹을 틔우는 봄이 오는 길목에 절망이 없이 돌아오는 꽃망울을 본다 너에게도 그렇게 돌아오는 꽃망울이 펴지기를 바라며 네게 눈시울처럼 번져오던 안개비가 유리창을 덮어버린 흐린 날의 오후 먼 산간으로 달려가는 기차의 명멸을 듣는다

봄이 오면 산빛도 제물에 꽃빛으로 물들어 간단다 긴긴 강을 따라 가는 꽃강이 되어간단다 너도 그렇게 따라가려무나 그곳에는 꽃강이 있단다 과수원 복사꽃 연자색 꽃산이 있단다 모란꽃 함박꽃으로 터지는 봄이 온단다 해맑은 웃음으로 이 세상을 맞이하는 봄이 온단다

마음의 색공

마음의 키보드는 에러가 났다
늘 복구를 위해 잘못된 것을 반복한다

억새는 허공을 문신한다
리트머스에 번지는 색발처럼
언덕은 허공을 부활한다

들판에 하얀 억새와 함께
환호하는 아이들이 쾌락을 세운다

생각하는 중이외다

도시는 어느 곳이나 재생을 하는 곳이다
도시는 어느 곳이나 부활하는 곳이다

사람들은 생각한다 그리고 만든다
그리고 또 생각한다

생각하여 도시를 만든다
쾌락을 만든다

사람들은 늘 반복을 통해서
안락을 얻는다

춘당지

주변의 나무들이 연못을 꾸민다
지나가는 구름이 연못에 들어온다

호수에서 바람이 불어온다
물속에서 잉어들이 산란한다

주변 환경이 색을 입히기도 하고
색을 벗기기도 한다

다른 것에 의해서
세상이 만들어진다

카운트다운

한해가 저물고 있다
어둠속으로 발걸음을 재촉하며
사람들은 뒤를 돌아보지 않고 걸어간다
앞은 짧은 시야일 뿐
다가오는 시간이 촌각으로 펼쳐진다

새것은 어둠에서 일어난다
사람들은 어둠을 카운트한다
사람들은 시간을 밟는다

새것의 경계는 불확실하다
사람들은 확실하게 카운트한다

내게는 숨쉬기조차 짧은 시간이지만
시간은 항상 1초가 좌우한다

4부
봄 편지

꽃 깨지는 절

절 한 모퉁이에
석탑이 아닌 나무가
꽃을 피우고 있다
절의 고요를 받아
꽃이 핀다
소리는 더러 약수소리
또는 독경소리로 꽃이 깨진다
꽃 깨지는 소리에 허공도 깨진다
때리는 목탁의 아픔에 절 꽃이 깨진다
영산홍 붉은 입술 부르터 깨진다

광화문 광장

광장은 늘 비어 있다
비어 있어 유혹한다

깃발을 들 때 촛불을 켤 때
채우려는 것과 비우려는 것이 충돌한다

광장은 채우려는 욕구로 넘친다
혁명은 늘 모자라는 데서 일어난다

촛불도 광우병도
모자라는 곳을 채우기 위해 궐기한다

넓은 곳은
언제나 분노를 받아준다

교차점

부부가 교각 아래 바람 길에 앉아 있다
강바람은 교각을 돌아간다

꽃무늬 타일에 등을 문지른다
바람과 타일이 시원하게 교차한다

타일도자기의 사치를 등에 대고 쾌락한다
어디든지 좋은 교차점이 존재한다

당신 · 9

당신은 마늘을 깔 때
눈물 나고
파를 다듬을 때
눈물 나고
양파를 깔 때
눈물 나고
고추를 썰 때
눈물 나고
이렇듯이 향이 있는 것은
다 눈물 나는 것이라 했어요
당신도 내게는 향이니
눈물이었지

DMZ

월정리에서 멈춘 기차는 녹이 슬어 썩었다
철길은 두 동강이 나고 벽에 걸린 기차시간표는
아직도 유효하다
학이 날아오는 비무장지대 평화를 심는가
백두산 천지에 피어나는 꽃들의 순수함으로
구름송이풀 털개불알꽃 노란만병초
두메자운 너도개미자리 바위구절초
두메양귀비 들꽃이 피듯
빈자리에 꽃밭을 만들어 놓아두듯
하늘매발톱 애기괭이눈 담자리꽃나무 호범꼬리 긴범꼬리
들꽃으로 번져서 펴라
아름답게 번져서 펴라

놀이터

강물 위에서 나는 오리 배를 타고 지척을 돈다
축구장 같은 배구장 같은 테니스장 같은
걷어차고 스파이크하고 때리고 저어가는 놀이터

생의 반은 걷어차는 것이고
생의 반은 속도를 내는 것이다
아직 걷어차는 것과 속도를 내는 중이다

도시문명

도시는 문명을 만들어내고
도시는 문명을 파괴하고

도시는 사람들을 끌어들이고
도시는 사람들을 밀어내고
끝없는 반복을 한다

도시는 콘크리트로 분장한다
변화해야 새것을 가질 수 있다

봄 편지 · 10

봄은 침묵을 깹니다
산목련은 희게 깨집니다
아프지만 꽃은 말하지 않습니다
꽃들은 아름답기에 슬퍼하지 않습니다
봄은 꽃을 품어줍니다
날개로 때로는 가슴으로
봄은 모두 품어줍니다
꽃뿐 아니라 나무도 품어줍니다
나무뿐 아니라 새들의 울음도
산속의 냇물도 품어줍니다
제 가슴도 품어줍니다
따듯하게 향기로 품어줍니다

복수초

얼마나 겨울을 참지 못해
눈밭에서 얼굴 내밀며 보는가
찬바람 부는 언덕에서
어떤 유혹이 있어서
이 겨울 혹한에도
아름다운 꽃 피우며 설레는가
꽃방 문 열고 엿보듯이
꽃을 피우는가
꽃이 아니라 보석이네
꽃이 아니라 황금 반지네
누구를 위한
누구를 주려는
아름다움은 주고 받지 않아도
아름다운 것이다

두만강교

국경선 두만강이 얼어 있어도 도강을 못 한다
국경은 늘 팽창한 겨울이다

사람들에게는 가고 싶은
건너편이 많이 존재한다

그리움도
빤히 보이는 건너편이다

국경선은 결빙되어 있다
두만강도 결빙되어 있다

지척도 결빙이다
앎도 큰 결빙이다

초록동색

사람들은 얼굴만 보면 모두 같은 모양이다
뒤에서 보면 더욱 같은 모양이다
같지만 생각은 각각 다르다
각각 다른 생각이 고난을 만들어 간다

다른 생각이 없으면 어울릴 수 없고
다른 생각이 없으면 싸울 리 없고
다른 생각이 없으면 사랑할 일 없고
다른 생각이 없으면 웃을 일도 없겠구나

사람들은 다 초록동색이다

산과 구름

산이 있어 구름 얽히니
산이 어찌 슬프기만 할까

가려주고 덮어주니
평온하여라

뜬구름도
필요할 때가 있구나

삭막한 길

모래바람 불어오고 나무는 죽고
물은 마르고 길은 없어지고
앞은 잘 안 보이고 가야할 길은 멀고
뚜벅뚜벅 발걸음을 움직인다

살아가는 것은 사막처럼 보이지만
피안에는 강이 있고
초원이 있듯이 꿈을 꾸는 거야

인생은 사랑의 묘약이 있어 살만하지

새만금

새만금 간척지의 바다와 강
서로 막아서니
한쪽은 육지가 되고
한쪽은 바다가 되고

그 넓은 땅도 갈라서서 이루었구나
서로 등지는 것이 새것이 되고
서로 갈라서는 것이 새것이 되고
서로 남남이 되는 것이 새것이 되는
새만금

내 그리움과 등지는 것도
그리 나쁘지는 않겠구나

솜사탕

가로수가 솜사탕을 걸어놓았다
노을이 먹고
구름이 먹고
바람이 먹고
남는 것이 내 것이다

보는 것만으로도 맛있다

앵무새

앵무새가 말을 따라 하지만
먹이에는 노예가 된다

나도 평생 밥을 위해 앵무새가 되었다
세상의 먹이에 노예 아닌 자는 없다

장갑

나무가 장갑을 끼고 있다
일을 하려나 보다
나무가 무슨 일을 할까
물건을 들지 못 할 텐데
힘을 쓰지 못 할 텐데

나무는 몸부림쳐서 잎을 떨어트리는 일과
바람을 피하는 일
뿌리로 물을 빨아올리는 일을 한다

장갑 안에 노동이 한 줌 들어있구나
노동은 한 줌이 구나
한 줌이 그렇게 무겁구나

허수아비

세상에는 허수아비가 너무 많다
그래도 들판의 허수아비는 새를 쫒는다

사람들 틈에 있는 허수아비는 거짓을 꾸민다
세상의 반은 거짓으로 가득 차 있다

서울 숲

서울 숲에는 꽃들이 피었다 붉은 인동, 패랭이꽃, 꽃사과나무, 모감주나무, 산사나무, 어떤 것은 꽃이고 어떤 것은 열매며 어떤 것은 주머니를 달고 있다

꽃이 숲길을 수놓았다 아이들도 유모차로 수를 놓았다 아이들 손을 잡은 젊은 엄마들도 꽃으로 수놓은 옷을 입고 걸어간다 꽃과 아이들이 어울려 더 화려하다

숲 음지에는 크립핑 로즈마리, 가몰래피시스, 초코젤늄, 에키네시아, 헨리오트롭, 쇼워트꽃이 향을 사르며 피어 있다 향이 습하게 진동하여 놀이터 근처까지 스며 나왔다 여인들의 얕은 화장내도 꽃향기와 어울려 더 곱다

파도와 새

억센 파도가 일어서 휩쓸어도
날아가는 새를 어찌 할 수 없으니
새처럼 날면 된다

파도가 이길까
새가 이길까
둘 다 승부와는 관련이 없다

서로 움직임이 있을 뿐이다

힘 자랑

사람들은 힘을 써서 노동으로 값을 얻는다
노동도 힘을 쓰는 일이며
생각도 힘을 쓰는 일이며
고통도 힘을 쓰는 일이다

힘을 써도 벽을 허물지 못하는 것은
벽이 힘보다 세기 때문이다

힘이 세면 밀어내는 것이 아니라
훌쩍 넘어 가는 것이다

강물 위를 걷는 사람

사람이 강물 위를 걸어서 갈 수 있다
그것은 부교를 밟고 가능하다
부교란 인생에 있어서 반찬처럼 늘 필요한 것이다

친구도 동반의 부교이다

광장의 꽃밭

광장을 꽃밭으로 만들면 많은
사람들이 산책하며 즐길 수 있다
광장에서 꽃밭을 걷어내면
때로는 함성과 고함을 지르기도 하고
데모를 하기도 하고
집회를 하며 궐기를 하기도 한다

오픈된 공간에서는
에코 효과가 있어서 낮은 정치가 이루어진다

낚시질하는 사람

많은 낚시대로 고기를 잡는다
집중이 필요하지만 방울소리로 관리한다

낚시는 행동으로 하면
고기를 잡지 못한다

고기는 긴장해야
낚을 수 있다

모든 일에는
낚시 봉 같은 찌 중심이 있다

남산을 둘러싼 상상

남산이 강 위에 있으면 어떨까
배를 타고 가야하고
강물에 늘 꽃이 피어있고
철새들이 풍광을 연출해줄 것이다

남산은 진달래꽃도 잘 안 피고
소나무도 잘 안 자라고
남산꼭대기에는
사랑의 자물쇠통으로 목을 맺다
숨을 못 쉬도록 목을 조르고 있다

잔인한 사랑의 열쇠에 목이 조였다
남산 사랑은 잔인한 것 같다

두 개의 마른 잎

눈 속에 나무 가지가 묻혀
두 개의 잎을 돋아 올리고 있다
둘은 존재를 확인시켜주는
기초적인 숫자이다

이 세상에서 숫자의
처음이 하나가 아니라 둘이다

음양, 남녀,
결혼, 천지, 불물…

둘의 융합원리는 존재를 확인시켜준다

한강의 기적

기적을 이루어 준 것은 무엇일까
물을 이용하고 그 환경을 이용하여
가치를 극대화하고 세계영토를 넓힌 것이다

시간영토
경제영토
사고영토
문화영토를 확장한 것이다

한강의 기적도 라인강을 닮았다
한국의 10위 경제대국이 거저된 것은 아니다

모래성

바다 모래벌판에 조개가 모래성을 쌓았다
모래성을 멋지게 지어졌다

화려한 모습으로 모래 위에 우뚝 섰다
파도가 밀려 와서 모두 뭉개버렸다

모래성은 모래 시간으로
천년의 문화꽃을 피웠다

찰나는 천년이 한 단위다

사람들도 찰나의 반짝이는
모래성에서 산다

물 한 모금

참새가 목이 말라서 옹달샘에 날아왔다
바가지가 있어서 물마시기 좋겠다

손이 있어야 필요한 것이다
참새 손은 입이다

좋은 조건이 주어진다고 해서
모두 좋은 결과를 가져오지 못한다

물 위의 나무

나무는 땅에 뿌리를 내리고 살아야 한다
물 위라면 곧 썩고 말 것이다
땅과 물과는 상극이다

불과 기름도
땅과 하늘도
천국과 지옥도 그렇다

상극은 때로 조화를 꾀할 수 있다

바다의 지문

바다가 지문을 찍고 해변을 소유한다
사람들은 몰래 잠입하여 조개를 훔치고
낙지를 훔치고 도적질을 한다

바다에서 도적질은 죄가 아니다

그래도 바다는
사람을 도적놈이라 한다

빛의 음계

빛은 직진한다
굴절한다
빛도 음계가 있다

빛은 어두운 곳에서 잘 보인다
차등으로 반사한다

음계를 가진다
때로 꺾인다

빛은 때로 눈을 감는다
빛은 쥐구멍에도 곧잘 들어간다

5부
노을빛

노을빛

당신처럼 속삭여 주던 노을빛에 이제도 내 마음 설레네
어쩔 수 없이 번져오는 노을빛에
나는 진정하려고 애를 쓰지만
이미 당신의 마음은 노을을 타고
내 가슴 깊숙이 스며들었네

그렇게 진실만 속삭여 주던 당신은
내 곁에서 이야기를 들려주었네
처음에는 진정 무엇인지 알 수 없었지만
세월이 지난 지금에는 다 알 것 같네

나는 지금도 어쩔 수 없이
당신의 황금빛 노을에 취하네

다섯 개의 바퀴

지나가는 사람들 중에 바퀴가 왜 짝짝이야
어떤 사람은 돌아갈 수 없는 바퀴군
어떤 아이는 내 장난감이군
여인은 그늘을 만들어주어
아이하고 쉬어 갈 수 있어 좋겠네
어떤 이는 길에다가 미쳤군 왜 길을 가로 막나

도시는 조형의 아름다움보다
그 효용성에 반응한다

도시 비둘기

도시 비둘기는 사람들 틈에 섞여 산다
밤섬은 아름다운 수풀이지만
먹을거리가 없어서
비둘기는 사람들 틈에서 서성거린다
새가 사람들과 섞여 사는 것은 비둘기뿐이다

배고픈 행세가 때로는 좋을 때가 있다

돌쌓기

돌을 그냥두면 돌 일뿐이지만
돌을 하나 더 돌 위에 올려놓으면 탑이 된다

산길에서 돌 하나 주어서 탑을 만들고
바람을 이겨서 돌을 붙이고
산꽃단내도 섞어서 돌을 붙이고
돌탑을 세워서 당신이 오기를 기다리리라

돌탑처럼 누가 봐도 좋고
안 봐도 좋고 그런 게 돌탑이다

무지개

무지개는 희망의 사다리와 같은 것이다
높은 곳을 향해 오를 수 있다는 희망이기도 하다
빨주노초파남보 7색의
삼투적인 오로라 현상이다

사람들은 살아가며
무지갯빛 아름다운 꿈을 꾼다
높이 오를수록 무지개는 사라진다

꿈의 목표는 무지개처럼
현혹의 아름다운 색을 가진다

바람꽃

산 틈에 바람꽃이 피어 하얗게 바랬다
꽃이 바람이 되기 위해서 몸을 가볍게 해야 한다
날기 위해서도 가벼워야 한다

멀리 가기 위해서도 가녀려야 한다
씨를 퍼트리기 위해서도 가벼워야 한다

가볍게 몸을 만든다는 것은
이 세상을 살아가는데
가장 현명한 일 중의 하나다

사슴의 평화

사슴이 따스한 손길에는 평화롭다
평화는 따듯한 마음으로부터 온다

사람들이 평화를 얻으려하지만
순한 사슴이 되지 못하여 얻기 어렵다

평화는 투쟁으로 얻을 수 없다
가질 수 있는 자격이 결정해준다

수평

물의 평균이
수평이다

도시도 수평을 이루면
균형을 얻을 수 있다

땅에서는 수평이 아닌
지평이 존재한다

지평은 평평한 것이 아니라
울퉁불퉁한 것이다

싹

지구를 싹 쓰는 것은
인간이 아닌 풀씨이다

도도하게
그리고 빛나게

싹이 침묵으로 지구를 지배한다

어반디자인(도시설계)

도시는 선이다
도시는 층이다
도시는 다각이다
도시는 촉수이다
도시는 창문이다
도시는 계층이다
도시는 행렬이다
도시는 함수다
도시는 물이다
도시는 불이다

연등

연등은 소원불이다
연등불은 자비불이다

등불의 희생을 통해서 밝혀준다
불을 안으로 끌어안고 밝혀준다

연등은 꽃처럼 아름답지만
모조품이다

그래도 가슴속 깊은 마음으로
촛불을 태워준다

움틈

모든 생명체는 움틈으로부터 시작된다
움틈은 이 세상을 여는 열쇠이다

세상이 넓고 무겁지만
가녀린 싹이 힘들이지 않고 나온다

그 힘은
생명의 근원이기 때문이다

생명은 아무리 무겁고 두꺼운 것이라도
가볍게 열고나올 수 있다

생명은 힘이 아닌 탄생이다

은행잎 뿌리기

아이들은 은행잎을 모아
뿌리는 것만으로도 즐겁다

은행나무가 뭐라고 하는 것처럼
아이들은 행동으로 반응한다

실체가 없어도
그것을 스스로 만들어 즐긴다

이를 무체의 즐거움이라한다

이 뭐꼬

아이들이 망태기 소쿠리 짚신
계란집 새끼줄을 바라본다

이 뭐꼬!

신기하게 바라본다

신기하다는 것은 모른 다는 것과 같다

아이들이 옛것을
모르는 것이 정답이다

적멸보궁

산속의 고요를 꼬아 서까래를 만들고
산꽃을 따서 단청 색깔 내서 칠하고
함박꽃나무 무늬를 따서 벽화를 그리고
꽃 뜸으로 적요의 구름을 만들고
하늘이 가까운 적멸보궁의 처마에서
불공드린 산새의 울음으로 염불하고
모두 아리아리하여질 때

어이어이 소리 질러 부르리라
오지 않아도 나 여기 있다고 부르리라

적멸해도 부르리라
없어져도 부르리라

꽃들의 영토

지적도에도 없는 무허가 텃밭에 날아온 나비들은
산비탈에 숨어 있는 컴퓨터 키를 누른다
나비들의 유인을 위한 PC에 불이 켜진다
얼마 후에는 텃밭에 장다리꽃이 피어난다

꿀과 무화과의 잎사귀를 갈아먹는 작은 영토에는
벌레들이 진입한다
새마을 지도자가 유선방송을 통하여
나비들이 날아와서 꽃을 심고 있다는 소식을 전하고 있다

「마을주민 여러분 올해는 날씨가 좋아서 농사가 잘되고 있습니다 그리고 텃밭에도 담배도 잘되고 무도 잘 되었습니다 덕분에 벌레도 극성을 부리고 있습니다 올해는 그놈의 벌레를 죽이기 위해서 농약을 잔뜩 뿌려야 하겠습니다」

계단

오르는 곳이 계단이다
계단은 일정한 곳까지만 오르도록 한다

계단은 얼마간의 한계를 허용한다
사람들은 아파트에도 빌딩에도
산에도 어디든지 계단을 만들 수 있다

유일하게 사람들이
계단을 통해서 오를 수 없는 곳이 하늘이다

하늘은 가설의 빈집이다
유혹만 있는 곳이다

(작품해설)

렌즈를 통해 바라보는 환경, 자연, 자아

김 순 진(문학평론가 · 고려대 평생교육원 시창작과정 교수)

작품해설

렌즈를 통해 바라보는 환경, 자연, 자아

김 순 진(문학평론가 · 고려대 평생교육원 시창작과정 교수)

서창원 시인을 만난 지 15년이 지났다. 내게 서창원 시인은 부모님 같은 분이다. 처음 스토리문학을 창간할 때 나는 서창원 시인을 비롯하여 최현근, 나석중, 이병석, 서정원 시인 등과 대학로의 마로니에공원에서 만나 의논을 했었다. 물론 그 전에도 스토리문학관 시낭송회를 통해 자주 만나던 사이여서 서창원 시인의 시적 능력이나 예술에 대한 에너지는 익히 알고 있던 터였다. 그리고 내가 2004년 6월 월간 스토리문학을 창간하게 되었는데 서창원 시인은 그 창간호로 등단했다. 그러니까 그간 등단한 400여명의 시인 중 가장 먼저 이름을 올린 등단 1호 시인인 셈이다. 게다가 서창원 시인은 등단 이후 한국스토리문인협회 초대회장을 맡아 수고해주셨다.

그러다가 서창원 시인은 한동안 활동을 접었다. 사모님

께서 병환을 입어 투병하신 관계로 병수발을 들다보니 글을 쓰실 여가도, 활동하실 여가도 없었다고 하신다. 그런데 금년 초에 전화를 하시더니 스토리문학사 사무실에 나오셨다. 정말 반가웠다. 시집을 내신다고 했다. 서창원 시인은 그간 스토리문학관이나 작가네트 등에서 이달의 시인, 올해의 시인, 주간 베스트 시인 등에 수없이 선정되시며 좋은 시를 써오셨다. 그 밑바탕에는 어떤 원동력이 있었을까?

서창원 시인은 그때나 지금이나 늘 카메라를 메고 다니신다. 서창원 시인이 들이대는 앵글 속에 답이 있다. 1954년 칸영화제 심사위원과 1956년 베니스영화제 심사위원을 지낸 영화평론가 앙드레 바쟁(프랑스, 1911~1958)은 사진에 대하여 "사진은 일종의 주조다, 즉 주조는 사물 안에 있는 내면적 힘들을 조직화시켜 그 힘들이 일정한 순간에 균형 상태에 도달하도록 한다. 사진은 시간에 대해 방부처리를 행한다. 영화는 사진의 객관성을 시간 속에서 완성시킨 것처럼 보인다."고 말하고 있다. 무슨 말인가? 현대인들이 사진을 찍는 것은 일종의 주조다. 요즘 우리는 누구나 스마트폰을 들고 다닌다. 스마트폰에는 여러가지 좋은 기능들이 있다. 우선 전화나 문자, 카카오톡, 채팅, 화상통화 등 의사전달의 기능이 있다. 그리고 인터넷을 마음 놓고 할 수 있는 기능이 있고, 가장 중요한 것은 사진을 마음 놓고 찍을 수 있는 기능이 있다. 사진이란 무엇인가? 개인의 생각이나 현재의 상태를 정지시켜 저장하는 기능이 아닌가? 그는 카메라와 스마트폰의 자판, 그리고 펜 등 세 가지 필기도구를 가지고 다닌다. 그리하여 누구보다도 효과적이고 낯선 풍경을 필사한다. 그러기 때문에 그는 무릎을 칠만한 젊은 감각을 유지하며 날마다 새롭게 쓰여지는 시를 통해서 독자에게 새로운 카타르시스를 선사하는 것이다. 이쯤에서 나는 그가 들이대고 있는 앵글의 초점, 그 존재의 이유가 어디에 맞추어져 있는지를 세 가지 방법을 통해 살펴보고자 한다.

1. 서울, 그리고 환경(environment)

사진은 리얼리티를 근간으로 이루어지는 예술이다. 아무리 카메라의 기능이 좋아져서 접사나 망원, 필터 등을 통해 피사체가 드러나거나 변형되고 감추어진다고 하더라도 그것은 원래 그대로 있던 피사체를 통해 이루어지는 리얼리티 예술이라는 것이다. 예를 들어 성능이 좋은 카메라에 성능이 좋은 렌즈를 착용시켜 개미의 다리를 접사한다고 해보자. 미세하게 나있는 털이라든지 엄청나게 크게 부각된 돌기 부분을 통해 나타난 사진을 처음

보는 사람은 '이게 무엇이지?'라고 개미의 다리를 인식하지 못하고 묻게 될 것이다. 그처럼 사진예술은 피사체와 전혀 다른 느낌을 생산해 낼 수가 있다. 저녁에 도로 위를 달리고 있는 차량들을 촬영하면 차량은 나오지 않고 불빛만 나오게 된다. 그 불빛들은 단순히 자동차의 라이트불빛으로 촬영되는 것이 아니라, 빛이 흐르는 물결무늬를 이루고 있음을 우리는 발견하게 된다. 그의 시는 그런 환경(environment)에 대하여 관심을 가진다. 그의 시에 있어 우리 사회가 먹고 살기 위해 허덕이던 근대화과정은 생략되어 나타난다. 이를 테면 우리 사회의 단면이 접사된 것이다. 그리하여 그의 시에는 도시화되고 현대화된 현상을 읽어낸다. 팔순의 연세에 그런 시적 감각을 가지고 시를 쓰는 분들을 일찍이 만나지 못했다. 연세가 들면 모두들 고향과 추억으로 회귀하느라 바쁜데, 서창원 시인에게 고향이나 추억으로 돌아갈 시간은 아직 멀다. 그는 여전히 사진 찍기에 바쁘고, 여전히 환경을 필사하기에 바쁘다.

곤돌라에 실린 서울의 우울증
높은 공간으로 컨트리 크레인은
일회용 종이컵 같은 아파트를 짓기 위해
회색의 콘크리트를 쏟아낸다

자연부락 몇 개를 잡아먹은 그린벨트 안에
개팔자가 된 러브호텔
꽁보리밥집
생음악을 연주하는 카페도
팔당호 주변에서 수은을 토한다

전국인구의 45%가 수도권에 몰려있다
누구하나 다른 곳으로 이사하지 않으려고
아파트 투기와 땅 투기를 밖에서 저지르고 돌아와서
서울을 난장판으로 짠다

시속 7km의 저속 도시를 끌고 가는
성산대교 외곽도로를 달리는 정지한 차량

교통지옥을 빠져 나와
나는 정수기에 종이컵을 대고 갈증을 뽑아낸다
종이컵 속에 파랗게 질려있는 서울이 동동 뜬다

– 「서울은 일회용 종이컵」 전문

이 시에서 시인은 서울을 어떤 건설현장의 타워크레인에 매달린 철근이나 건설자재로 보고 있다. 그 속에는 시인도 들어있고 나도 들어있으며 이 시집을 읽는 독자도 들어있다. 시인의 말처럼 "서울은 일회용 종이컵"이라는 것이다. 시는 여러 가지 기능이 있다. 관찰의 기능은 고

발의 기능과 마주할 때 그 가치를 지닌다. 단순히 도시 안에 러브호텔이 있는 것이 아니라 "자연부락 몇 개를 잡아먹은 그린벨트 안에 / 개팔자가 된 러브호텔"이 있다. 그러한 공간 속에 살고 있는 서울사람들은 어떻게 보면 1회용 종이컵에 불과하다. 사람들은 자주 버려지고 다른 컵으로 새로움이 채워진다. 회사로부터 명퇴당하고, 아버지로부터 밀려나며 가장으로부터 버려진다. 그리하여 시인의 눈에는 "종이컵 속에 파랗게 질려있는 서울이 동동 뜬다"고 말하는 것이다. 시인의 눈에 서울은 여러 가지 사진 현상 중 하나다. 새벽에 찍은 사진과 저녁에 찍은 사진, 카메라를 흔들어 찍은 사진과 접사를 통해 찍은 사진은 각기 다른 감각을 나타내는데, 서창원 시인의 시적 기법도 사진 기법과 다르지 않다. 서창원 시인은 기중기에 매달린 서울이나, 1회용 종이컵의 서울에 대하여 불안이나 염증을 느끼지 않는다. 정부를 원망하거나 제도에 대하여 반항하지 않는다. 그렇게 될 수밖에 없었던, 그래서 그렇게 돌아가고 있는 서울의 현상 그 자체에 렌즈를 들이댄다.

> 군중은 무지개색깔의 깃발을 흔든다 메트로폴리탄이 트림한다 자유를 키우려고 광장에는 꽃밭을 만든다 엔진소리가 모타리제이션한다 도시는 고함 속으로 들어간다 경복궁

수문장 교대식이 나팔과 북을 치며 당당하게 조선시대의 행렬을 재연한다 난타의 북소리 진군 나팔소리에 도시는 잠시 가학에서 풀려난다 매연으로 오존경보 발령이 내린 광교동에는 타워크레인이 빌딩을 끌어올리려 애를 쓴다 도시는 빌딩과 엘리베이터로 수직으로 확장한다 군중은 혁명의 원적지 광화문광장을 도굴한다 뚫을수록 어둡다 광장은 적외선으로 열섬이 되었다 광장에는 평화의 접엽휴케나, 에카나, 애기노란금계국, 숙근코스모스들이 혁명을 스펙트럼한다 동강이 난 자유를 꿰맞추던 노도의 언덕에서 평지로 내려온 군중들은 아비규환의 숨을 고르며 미국대사관, KT건물, 교보빌딩, 정부청사, 제2청사, 세종문화회관의 통로를 따라간다

아직 도시는 벽이다
아직 광장은 벽이다
아직 평화도 벽이다
아직 자유도 벽이다

- 「서울 스펙트럼」 전문

서창원 시인이 사용하고 있는 언어는 일반 시인들이 사용하는 언어와 다르다. 그의 언어는 굴절한다. 우리 언어는 굴절어이며 교착어라고 했다. 굴절어란 어형과 어미의 변화로 단어가 문장 속에서 가지는 여러 가지 관계를 나타내는 언어다. 빛은 굴절한다. 물속에 젓가락을 담그면 빛의 굴절을 통해 젓가락이 꺾어져 보인다. 빛은 스펙

트럼 현상이 나타나는데 서창원 시인의 시에서 나타는 빛, 즉 희망 역시 스펙트럼 현상을 일으키며 다양한 어형과 어미의 변화로 굴절된다. 딜레마에 걸린 서울을 모타리제이션, 즉 재편성하여 희망으로 엮어낸다. 광장에 심어지는 꽃은 미관용이 아니다. 자유를 기르기 위해 심는 것이다. 조선시대를 재현하는 수문장 교대식은 곧 도시에 밑줄을 그어 스스로를 학대해온 도시를 풀어준다. 우리말은 형태론적으로 교착어에 속한다. 어근에 접미사가 결합하여 새로운 단어를 형성하거나 문법 관계를 표시하는 언어를 교착어라고 한다. 서창원 시인의 언어는 교착어이다. 도시에 빛이란 접미사를 결합시켜 새로운 단어, 즉 미래를 형성한다. 다음의 시 한 편을 더 읽어보자.

불꽃을 튀기며 달아오르는 남대문 시장, 싸구려 물건이 쏟아진다 서울은 벅이 났다
노동자들의 붉은 깃대에 쟁취깃대 붉은 머리띠를 두르고 종로, 을지로, 명동성당을 향해 물결친다 바리케이드 넘어 대치한 긴장 서울은 데모대를 쓸어낸다 몽둥이와 깃발 사이에 낀 핏발선 목청 그것은 서울 벅이다

테헤란로에 정지한 빌딩, 전자도시, 핸드폰, 전파에 걸린 언어는 공중에서 분해되고, 정보별들이 쏟아내는 전파, PC방에서 인터넷을 뒤지며 정보를 검색한다
시장경제혁명을 부르짖는 자, 정보혁명을 부르짖는 자,

노동 혁명을 부르짖는 자, IT산업혁명의 새로운 물결을 타
고, 기계적인 혁명과 문명의 대치, 노동시간 단축을 외친다
서울은 날마다 벅이 났다

– 「서울은 벅(bug)이 났다」 전문

서창원 시인의 말처럼 "서울은 벅(bug)이 났"다. 곤충들이 갉아먹고 있다. 서울의 몸에는 이가 득실거리고 바퀴벌레가 벽을 기어 다닌다. '벅'이란 말은 모호성이 있는 말이다. 즉 '뻑'과, '벅', 그리고 '버그'의 혼돈에서 오는 '벅'은 모호한 느낌을 차용해온 서창원 시인의 시어다. 도시는 사실 애매모호하다. 한쪽에서는 광우병에 대하여 시위를 하고, 잠시 후면 광우병은 용산 철거민 참사로 이전된다. 민주화를 외치던 데모대는 아비가 되고 그 아비는 시위현장에 서있는 반면 그의 아들은 전경이 되어 아비를 막는다. 전자파가 온 도시를 마구 쑤셔 놓아 어질어질하다.

위에서 인용된 세 편의 시에서 우리는 도시의 여러 가지 현상들을 들여다보았다. 우리의 도시환경은 너무나 단순하다. 종이컵 논리다. 너무나 밝고 희망적이다. 스펙트럼의 논리다. 너무나 복잡하다. 버그의 논리다. 그러나 모두 인정해야 하는 것, 있을 수 있음을 인정하고 앞으로

일어날 수 있는 일, 찾아올 수 있는 버그 - 환경에 대하여 대비하고 적응하는 것이 그의 논리다.

2. 자연, 그리고 페르소나

서창원 시인에게 자연은 단순히 자연으로 그치지 않는다. 사람을 치유하고 낙상하지 않도록 그물을 치며 마음의 추돌을 방지하기 위해 바리게이트를 설치한다. 즉 그의 시는 자연과 사람을 공동화해 페르소나(personas)로 발전시킨다. 도시라는 제품, 혹은 사랑이라는 서비스를 사용할만한 집단 안에 있는 다양한 사용자 유형들을 스스로 대표하는 인물이 된다. 네이버 검색에 따르면 "페르소나는 가상의 인물을 묘사하고 그 인물의 배경과 환경 등을 설명하는 문서로 꾸며지는데 가상의 이름, 목표, 평소에 느끼는 불편함, 그 인물이 가지는 필요 니즈 등으로 구성된다."고 나와 있다. 이처럼 서창원 시인에게 있어 자연은 가상의 도시를 묘사하고, 그 도시의 배경과 환경을 설명하며, 도시의 삶에서 느끼는 불편함이나 발전하려는 감각을 지원한다. 다음의 시 두 편을 읽으면서 자연이 우리에게 주는 페르소나는 무엇인지 살펴보자.

봄에 찾아온 백색의 목련도 며칠을 기다리다 가고 모란의 탐스러운 꽃도 크게 벙글리다 1주일을 참지 못해 떠나고 작약꽃의 아름다운 칠색도 부동의 수평을 이루지 못하고 흔들리다 떠나고 아무도 꽃을 기리는 이 없어도 꽃들은 저마다 아름답게 세상을 만든다

아름다운 꽃술을 내주고 벌들의 간식을 벌판에 차려주고 봄과 가을의 중간에서 아! 테러한다 붉은 꽃 댕기를 감고 테러한다 곱다 아름답다 설레게 한다 꽃들의 테러는 아름답다

꽃은 아름다움을 무상급식한다 세상이 균형을 잃어도 꽃은 군자처럼 나타난다 자유 같은 깃발이다 소유하지 않아도 꽃은 우리에게 아름다움을 준다

– 「꽃의 테러」 전문

시인에게 있어 '꽃'은 더 이상 향기나 미적 관상의 대상이 아니다. 그의 시에 있어 꽃은 우리에게 테러리스트다. 균형 잃는 세상에 대하여 테러를 감행하며 군자처럼 나타난다. 그리하여 우리의 심장에 자유의 깃발을 꽂는다. 지금까지 많은 사람들은 꽃의 미학에 대하여 골몰했다. 향기의 몽롱함에 대하여 전투적인 자세를 취했다. 그의 꽃은 더이상 웃음을 조장하지 않는다. 꽃은 남녀의 사랑을 방관한다. 상대방의 마음을 빼앗으라고 교사하지 않

는다. 그에게 있어 꽃을 통해 웃음과 사랑과 여유를 상상하는 것은 더 이상 시적이지 못하다. 지금까지 많은 사람들은 꽃의 기능을 그러한 아름다움이라는 관점에서만 관찰해왔던 것이 사실이다. 그러나 서창원 시인은 꽃의 테러적 기능에 주목한다. 서창원 시인은 꽃이 주는 폐해에 관하여, 꽃이 주는 선정성에 관하여, 꽃이 주는 잔인함에 관하여 해석한다. 그리하여 더 이상 꽃이 꽃으로 포장되지 않고 선물로 전달되지 않고 도시를 관장하는 페르소나로서의 꽃으로 해석한다. 그의 꽃은 건물과 건물의 폭력적 감정을 다스린다. 돈을 떼어먹고 달아난 사람과 떼인 사람의 공간을 치유한다. 대기업의 횡포와 노동자의 삶 사이를 연결한다. 서창원 시인의 말 그대로 테러적인 상상이다.

팽팽한 거미줄을 당긴다
거미는 거미줄 마디에 증오을 엮는다
거미는 긴장을 밟고 걸어간다
탄력으로 포획의 덫을 놓고
더 큰 증오의 중심으로 들어간다
불나방이 춤을 춘다 망을 향해 춤을 춘다
날개를 팔딱 걸리며 춤을 춘다
증오의 고리에 얽힌다
그물을 만들어낸 거미여

포충망(捕蟲網)을 설치한 아라크네(Arachne)여
긴장을 분해해도 날아갈 수 없다
증오를 갈아 끼워도 날아갈 수 없다

– 「거미줄」 전문

거미줄은 우리에게 도로며 승용차다. 먹을거리며 밥상이다. 사무실이며 책상이다. 건물이며 집이다. 서창원 시인의 눈에 보인 거미줄 역시 페르소나로서의 거미줄이다. 거미줄이 엮고 있는 네트워크는 단순한 먹잇감을 포획하기 위한 덫이 아니다. 그의 시에 있어 거미는 작가 자신이며 독자다. 아내의 병수발을 드는 남편이며, 찾아오지 않는 이웃에 대하여 문을 닫은 또 다른 이웃이다. 그래서 그의 거미줄에는 증오가 엮인다. 긴장이 엮인다. 그가 포획하려고 놓은 덫은 단순한 거미줄이 아니다. 사랑이다. 관심이다. 그는 지금 전화라는 거미줄, 인터넷이란 거미줄을 쳐놓고 사랑을 포획중이지만 사랑은 그리 쉽사리 걸려들지 않는다. 그리하여 그는 "더 큰 증오의 중심으로 들어"갈 수밖에 없는 현실에 놓인다. 큰 나무는 더 큰 그늘을 지니고 살 수밖에 없다. 왕년에 잘나간 사람이란 말은 결국 왕년의 영화만큼 상대적인 슬픔을 거느릴 수밖에 없다. 그래서 그는 혼자 밥을 차려먹어야만 하는 거미가 되어가고 있는 것이다.

3. 자아, 새로운 도전

서창원 시인의 올해 연세는 80세다. 이 책은 그의 산수연을 준비하기 위해 만들어지고 있다. 팔순, 사실상 우리 인생에 있어서 마지막 생일잔치라 해도 과언이 아니다. 그러나 그것은 일반인들에게 적용되는 잔치다. 그의 이번 출판기념회는 독립선언서를 읽는 계기가 될 것이다. 그는 젊다. 아직 젊은 것이 아니라 지금 젊다. 젊다는 말은 나이가 들었다는 말이 아니다. 푸르다는 말이다. 나무는 오백살을 살아도 푸름을 유지한다. 왜 그럴까? 그것은 늘 푸르러야만 하는 생각을 가지고 있기 때문인데 서창원 시인은 그런 푸른 생각들로만 내면을 채우고 있어서 젊은 사람과 같은 도전 정신이 있어서 푸를 수 있는 것이다. 서창원 시인께서 내게 출판기념회를 끝내고 전국일주를 하자고 주문하셨다. 나도 짬을 내서 서창원 시인과 전국일주를 한 번 해볼 생각이다. '전국일주를 꿈꾸는 시인' 10자를 네 자로 줄이면 '젊은 시인'이라 말할 수 있다. 따라서 이 책은 그의 팔순잔치에 쓰여지는 책이 아니라 그가 개인적으로 완전한 독립을 선언하고 국가를 개국한 후에 내는 책임을 나는 강조하고 싶다. 그 연유를 다음 시를 통해 읽어보자.

나는 그때 늙지도 않았고 얼굴에 주름도 없었으며 머리카락도 많았다 나는 안경도 안 썼으며 보청기도 끼지 않았으며 머리 염색도 하지 않았다 원형의 나는 완벽하고 흠잡을 데가 없는 우랄알타이계의 토종이었다

나는 첫사랑으로 내 몸에는 두근거리는 가슴이 있었고 마음은 무구의 백색 종이처럼 투명하였다 내가 생각하는 것은 모두 비밀스러웠고 신기하였다 꿈이 많았으며 마음으로 모든 일을 처리하고 자긍심과 행복에 젖어 있었다

내 나이 21살 때는 이렇듯이 내안으로 이 세상의 강이 흘러들었으며 늘 봄인 듯이 꽃이 만발하는 무능도원의 세상이었다 자유가 가슴에서 폭포처럼 흘러넘치고 희망이 부풀어 이 세상을 다준다하여도 바꾸지 않을 만치 패기만만한 청년으로 이 세상을 등에 지고 우뚝 솟은 기둥처럼 나에게는 두려움이 없는 자존의 한 사람이었다

- 「나의 21살 때」 전문

이 시에서 그가 말하는 것처럼 서창원 시인은 21살 때 "늙지도 않았고 얼굴에 주름도 없었으며 머리카락도 많았다" 그리고 "안경도 안 썼으며 보청기도 끼지 않았으며 머리 염색도 하지 않았다" 그의 말처럼 원형의 그는 "완벽하고 흠잡을 데가 없는 우랄알타이계의 토종이었다"는 그의 말에 전적으로 공감한다. 그런데 내가 보니까 서

창원 시인은 지금 늙지도 않았고 주름 없으며 머리카락도 많다. 안경도 안 썼으며 보청기도 끼지 않고 머리 염색도 하지 않는다. 원형의 그는 완벽하고 흠잡을 데가 없는 우랄알타이계의 토종이다. 두근거리는 가슴이 있고 마음은 백색 종이처럼 투명하다 그가 생각하는 것은 모두 비밀스럽고 신기하다 꿈이 많으며 마음으로 모든 일을 처리하고 자긍심과 행복에 젖어 있다. 적어도 시에서 만큼은 그러하다. 사진에서 만큼은 완벽하다. 예술에서 만큼은 독보적이다. 아무도 그의 시를 두고 늙은 사람의 시라 생각지 않는다. 아무도 그의 사진에서 주름을 발견할 수 없다. 아무도 그의 예술에 대하여 늙음을 용인하지 않는다. 그는 21세의 청년이다. 그는 영장을 받아서 곧 군대에 입대할 예정이다. 그가 입대하는 부대는 적을 무찌르지 않는다. 두려움을 무찌른다. 시인의 적은 더 이상 공산주의거나 이데올로기가 아니다. 시인의 적은 나 자신이며 시인 자신이다. 시인들은 나를 이기기 위하여 밤마다 보초를 선다. 시의 대검을 뾰족하게 세우고, 시의 탄약을 날마다 장전한다. 시인은 시의 근육을 발달시키기 위해 철봉에 매달리며 풋업을 해야만 한다. 그런데 서창원 시인의 시의 근육은 매우 발달되어 있어 새카만 머릿결과 탄력 있는 피부를 유지하고 있다.

언제부터 내게는 이별이 있었다 전혀 이별 같은 것은 내게 소용이 없는 것이라 하고 살았는데 어느 날 나는 이별 하나를 내 몸에서 꺼내 버려야했다 그것은 당신과의 긴 이별이었다 나는 이별이 내 주위를 맴돌고 있다는 것을 알았다 나는 어느 날 겨울을 깨고 버들개지를 앞세워 흘러가는 찬 냇물을 바라보았다 그것은 나에게 또 다른 이별이었다 이별은 그렇게 나에게서 시작되었다

이별은 나에게 이르렀다 이별은 아무렇지 않게 나에게서 멀어졌다 어느 날 나는 이별 하나가 눈 가린 채 내 앞에 있다는 것을 알았다 그리움은 그런 이별이었다 그리움은 어느 날 슬픔보다 더 아름다운 꽃을 피워 주고 갔다 나는 그때부터 이별을 풀어내는 실타래라는 것을 알았다 내 몸뚱어리는 머리끝에서부터 발끝까지 모두 이별로 풀려 가는 실이라는 것을 알았다 이별은 내 포켓 속에 있지 않고 발걸음에 채이거나 내 귀 바퀴에 감겨 있다가 작은 소리 내며 떠나는 봄바람 같은 것이었다

-「이별이 있다는 것은」 전문

지난 해 서창원 시인은 수십 년 동안 함께 살아온 사모님과 사별을 했다. 서창원 시인은 오랫동안 병석에 누운 아내를 수발하느라 시도 못쓰고 문학활동까지 접어야 했다. 그런 시인에게 아내는 그의 시 「당신 · 9」에서 보여주듯이 “당신은 마늘을 깔 때 / 눈물 나고 / 파를 다

듣을 때 / 눈물 나고 / 양파를 깔 때 / 눈물 나고 / 고추를 썰 때 / 눈물 나고 / 이렇듯이 향이 있는 것은 / 다 눈물 나는 것이라 했어요 / 당신도 내게는 향이니 / 눈물이었지"라고 하듯 향기로운 존재였고 눈물과 같은 존재였을 것이다. 그래서 아내와의 이별은 지금도 서창원 시인을 쓸쓸하게 만들고 집에 있으면 생각나기 때문에 밖으로 나돌게 만들는지 모른다. 서창원 시인은 이별을 몰랐다. 자신에게 이별이 찾아오리라고는 아내가 병이 깊어서야 예감할 수 있었을 게다. 그런데 그가 말하듯 "언제부터 내게는 이별이 있었다"고 말한다. 그의 말처럼 "전혀 이별 같은 것은 내게 소용이 없는 것이라 하고 살았는데 어느 날 나는 이별 하나를 내 몸에서 꺼내 버려야 했다"면 얼마나 이별이 힘들었을까? 불과 몇 해 전 천년만년 사실 줄 알았던 아버지와의 갑작스러운 이별이 찾아왔을 때 나는 정말 힘들었고 지금도 힘들다. 지금 이 글을 쓰면서 눈물을 흘리고 있다. 사모님과의 이별에 대하여 가슴이 도려내는 아픔을 느끼고 있다. 그러나 어찌할 것인가? 이별은 인간이 가지는 가장 소중하고 귀한 감정인 것을. 인간에게 이별이 없다면, 이별의 감정을 느낄 수 없다면, 그래서 사람 귀한 줄을 모른다면 그것은 지옥과 다를 바 없다. 누구에게나 이별은 아프고 힘든 것이지만 서창원 시인은 잘 견딘다. 얼마만큼 잘 견뎌야 잘 견딘다고 할 수 있을는지 감이 잡히지는 않으나 "내 몸뚱어리는 머리끝에서부터 발끝까지 모두 이별로 풀려 가는 실이라는 것을 알"고 이별은 "작은 소리 내며 떠나는 봄바람 같은 것"임을 아는 시인, 그 깊이 있는 말씀에서 사람 사는 이치를 깨닫고 존경과 연민이 느껴진다. 인간은 혼자다. 아내가 있으나 없으나, 자식이 있으나 없으나 혼자 사는 것이다. 다만 아내가 있으면 사는 것이 좀 덜 팍팍할 뿐이다. 자식이 있으면 좀 웃음이 나올 뿐이다. 결코 배우자나 자식이 내 인생을 살아주지 않는다. 그런 점에서 이제 서창원 시인의 새로운 도전은 시작되었다. 그가 비로소 완전한 독립운동가가 된 셈이다. 같이 밥을 먹어야하고, 집에서만 자야하고 아내가 싫어하는 일은 하지 말아야 하는 삶에서 하고 싶은 것 하고 가고 싶은 곳 가고 안 먹고 싶을 때는 안 먹어도 되는 삶은 시인에게 더욱 크고 위대한 생각을 낳게 할 것이다.

이상에서처럼 서창원 시인의 시 7편을 읽어보며 그의 정신세계를 들여다보았다. 서창원 시인은 평생 우리나라 국토의 균형발전을 위해 도로나 항만 등의 청사진을 세우고 건설해온 한국발전의 숨은 주역이시다. 그런 큰일을 해오시며 생긴 수많은 버그에 대하여 시시 적절한 판단과 대응을 몸으로 실천한 분이기 때문에 이렇게 깊이 있고 다양하며, 젊은 감각이 유지된 시를 쓰고 계시는 것 같다. 올해 팔순을 기념으로 그간 평생 써오신 수천 편의 시 중 네 권의 시집을 엮으신다. 그리고 해마다 두세 권의 시집을 내실 생각이란다. 오체투지로 국토를 읽어내신 시집을 자주 만날 수 있다는 것은 독자에게도 크나큰 행운이다. 어려운 과정에서도 그렇게 많은 시를, 그렇게 좋은 시를 써내신 그간의 창작활동을 높이 치하드리며 팔순을 진심으로 축하드린다.

서창원 시집

存在의 理由

초판인쇄일 2016년 6월 30일
초판발행일 2016년 7월 16일

지은이 : 서창원
펴낸곳 : 도서출판 문학공원
발행인 : 김순진
편집장 : 전하라
디자인 : 김초롱
등　록 : 2004년 3월 9일 제6-706호
주　소 : (우편번호 03382)서울 은평구 통일로 633
녹번오피스텔 501동 302호 스토리문학사
전 화 : 02-2234-1666
팩 스 : 02-2236-1666
홈페이지 : http://cafe.daum.net/yob51
이메일 : 4615562@hanmail.net

※ 잘못된 책은 교환해 드립니다.
※ 책값은 뒤표지에 있습니다.